# DISCOURS

PAR

M. le Pasteur FONTANÈS

Le 5 Juin 1879

A L'OCCASION DU MARIAGE

DE

## M. HENRI THORENS

ET DE

## M<sup>LLE</sup> LILLA DOLLFUS

Madame,

*Quand la belle saison et de pieux souvenirs vous ramenaient tous les ans en famille au bord de la mer, vous avez admiré plus d'une fois, par une belle matinée d'été, la sortie du port d'un de ces grands navires qui vont faire de leur sillon, comme dit le poète, une ceinture au monde. Tout semble sourire à ce départ; une brise légère enfle les voiles et agite les pavillons aux gaies couleurs, et la mer semble n'avoir que des caresses pour ce hardi voilier.*

*Cependant, on remarque sur la plage un mouchoir qui s'agite encore une fois pour envoyer au large les derniers adieux, puis essuie une larme discrète. En effet, cette belle sortie, qui est pour la foule un spectacle saisissant, va interrompre dans plus d'une demeure ce commerce quotidien d'intimité, d'abandon et de tendresse qui fait le charme de la vie du foyer.*

*Peut-être aujourd'hui contempleriez-vous cette scène avec un intérêt nouveau, et peut-être en comprendriez-vous mieux la pénétrante poésie; car aujourd'hui vous mettez à la voile, vous quittez la maison paternelle et vous partez pour le voyage de la vie à deux. Doux et solennel moment! Tous vos parents, tous vos amis sont réunis ici pour vous faire fête et saluer du cœur et de la main la nouvelle barque qui déploie sa voile et arbore son pavillon. Si vos parents éprouvent une émotion qui n'est pas sans mélancolie, si leurs regards en s'arrêtant sur vous se mouillent de larmes, leur sollicitude n'est point inquiète, car ils ont* foi dans celui qui devient leur fils ; ils ont confiance dans une union qui est nouée par l'estime et la sympathie réciproque.

Personne ici n'a la sagesse assez chagrine pour tenter d'assombrir votre joie, et moins que personne, celui qui dans ce moment est l'interprète de la religion chrétienne, de cette religion de l'espérance et de l'amour, qui de sa voix la plus tendre répète à tous les enfants du Père céleste : « Soyez toujours joyeux ! » Non, nous ne voulons pas effrayer les doux rêves d'avenir que l'imagination éveille dans des cœurs qui sont pleins d'amour, et nous pensons que le meilleur moyen de se préparer aux épreuves de la vie, c'est d'ouvrir son cœur avec reconnaissance à toutes les bénédictions que chaque jour apporte. Vous avez appris d'ailleurs au foyer paternel comment on peut souffrir sans se laisser ensevelir dans son deuil, et vous emporterez comme un trésor de grand prix cet exemple vivant de l'amour blessé, qui paraît tout entier consacré à l'enfant qui n'est plus, et qui cependant n'a privé ceux qui restent d'aucun

sourire et d'aucune joie. Le poète a dit vrai :
« L'amour d'une mère est un pain merveilleux
qu'un Dieu partage et multiplie, chacun en a
sa part et tous l'ont tout entier. »

Ceux qui vous aiment et ont le souci de
votre bonheur ne se sont pas réunis dans ce
temple pour fatiguer le Ciel de leur inquiétude
et de leurs vœux ; ils laissent aux païens cette
piété mercenaire qui offre un marché aux
dieux et essaye de les entraîner dans son
parti. Ils ont appris de l'Évangile que Dieu
« sait de quoi nous avons besoin avant que
nous le lui demandions, » et ils ont mis sur
vos lèvres la prière qui se confie avec l'abandon
du petit enfant : « Que ta volonté soit faite ! »
L'office de la religion, a-t-on dit excellemment,
n'est pas de faire réussir nos pétitions au bon
Dieu pour que notre volonté se fasse, mais de
nous apprendre à aimer ce que Dieu veut et
ce qu'il ne veut pas.

Vos parents ont souhaité qu'il vous fût
rappelé en ce jour solennel que votre vie ne
relève pas de votre fantaisie et qu'elle est

suspendue comme par ses racines à l'Éternel, au Parfait, dont nous ne pouvons méconnaître les lois sans compromettre notre bonheur et notre dignité.

Dans cette sainte et sérieuse compagnie du mariage, la part de la femme ne saurait être trop exaltée. C'est elle qui fait le foyer, et lui imprime la marque de sa personnalité; c'est elle qui entretient l'ordre et l'harmonie; c'est elle qui peut en faire un paradis où l'homme rentre avec un plaisir toujours nouveau pour y retrouver la paix et la joie. La bataille de la vie est souvent bien rude, les meilleurs y perdent la patience et la sérénité, et ils rentrent au logis, épuisés, irrités et découragés. C'est à la femme qu'est réservé le soin de verser le baume sur ces blessures et d'égayer ce front chargé d'ennuis. Sa grâce et sa tendresse doivent exorciser ces mauvais démons et rendre au mari l'équilibre des facultés et la rectitude du jugement.

Pour être à la hauteur de sa tâche et suffire à ce ministère de charité, la femme se préser-

*vera de cette frivolité qui dissipe et dessèche l'âme, et elle veillera avec un soin jaloux au feu sacré des purs enthousiasmes et des nobles dévouements. Elle écoutera le vieux conseil de la sagesse d'Israël : « Garde ton cœur plus que toute autre chose, » car c'est du cœur que viennent les grandes pensées; et si ses devoirs, ses fonctions à l'intérieur de la maison la dispensent de rivaliser avec l'homme pour l'étendue des connaissances et les armes du combat, elle conservera l'ambition de communiquer l'étincelle à tous ceux qui vivent sous son toit et qui sont souvent refroidis et rabaissés par l'aride réalité. C'est l'instinct de ce rôle et de cette place dans la famille qui rend la femme si jalouse de conserver la religion dans son cœur. Elle ne peut pas consentir à fermer l'horizon de l'humanité et à repousser comme une chimère l'aspiration à l'Infini, le commerce avec le Parfait et l'Éternel.*

*Certes, les gros problèmes qui troublent notre société ne tarderaient pas à être résolus, si la religion n'apparaissait dans le monde que sous* la forme de cette prêtresse antique qui refusait de servir les fureurs de la colère et de la haine, et qui répondait obstinément : « Je suis prêtresse pour bénir et non pour maudire. » C'est aux femmes à se jeter entre les combattants et à ramener la concorde. Si elles redisaient avec le charme qu'elles possèdent pour persuader, la vieille légende du prophète : Que Dieu ne se trouve ni dans le fracas de la tempête, ni dans l'ébranlement du tremblement de terre ; si elles montraient la religion comme ce souffle léger qui ramène l'heure enchanteresse du renouveau, elles désarmeraient bien des oppositions, et la raison du savant et du politique n'aurait plus de résistance à opposer à une religion qui est la poésie et la sanction tout ensemble de la morale.

En me rappelant, Monsieur, la parole du vieil Homère : « Un médecin à lui seul vaut beaucoup d'hommes, » je suis tenté d'envier votre profession. Plus que toute autre, elle appelle l'homme à embrasser tout le champ des connaissances humaines, et malgré d'imprudents zélotes, elle ne se porte pas seulement à une extrémité des faits de la nature humaine, mais elle touche à toutes les deux à la fois et remplit l'entre-deux. Plus elle étudie l'homme physique et surprend toutes les transformations des phénomènes sensibles, plus elle découvre au-dessus et au delà de son scalpel des faits nouveaux qu'elle constate, sans pouvoir scientifiquement les dériver des faits qui les précèdent ou les accompagnent. Mais ce ne sont pas seulement cette richesse et cette largeur d'informations qui me séduisent dans votre profession ; il me semble que de nos jours elle est celle de toutes qui ménage le plus d'occasions de faire le bien.

Vous surprenez l'individu et les familles au moment où tous les masques tombent, et vous êtes introduit malgré vous dans le drame de la vie humaine. Sans vouloir vous départir de la réserve qui convient à un témoin involontaire, par votre attitude ou votre regard, vous pouvez soutenir, relever l'être humain qui souffre et s'égare, et peut-être un jour serez-vous les intermédiaires recherchés comme les plus compétents de la bienfaisance.

Cette profession, qui vous éloignera quelquefois, contre votre gré, de votre intérieur, ne menacera pas votre bonheur domestique, car les femmes, selon la parole d'une d'entre elles, « veulent admirer ce qu'elles aiment, » et il n'y a rien pour elles de plus digne d'admiration que celui qui se prodigue, qui se dévoue à disputer à la maladie, à la mort, les êtres qu'elles couvent de leur tendresse. Ainsi, vous conserverez, vous rajeunirez cette affection qui vous rend si heureux à cette heure, et vous retrouverez au foyer que vous créez la tendresse qui manqua à vos jeunes années. Vous reporterez sur votre femme toutes ces émotions, tous ces épanchements, tous ces sentiments délicats que votre piété filiale a dû refouler au dedans de votre cœur, car votre mère n'était plus là pour les recevoir et les inspirer.

Les hommes de ce temps ne comprennent pas toujours les obligations qu'ils contractent *en devenant le chef de la communauté du mariage. Ils doivent aide et protection à la femme, et ils ne manquent pas à ce rôle de défenseur ou d'administrateur de la fortune; mais ils paraissent n'accorder leur attention qu'aux intérêts, aux plaisirs ou à la sécurité de leur femme, et ils respectent comme un sanctuaire où l'on ne pénètre pas toute cette vie de l'âme dans laquelle la femme dépense le meilleur d'elle-même.*

*Vous ne commettrez pas cette négligence funeste qui divise notre société en deux camps, qui établit le divorce des consciences : car vous avez compris dès la première heure que le bonheur qu'on propose à une femme ne peut pas se passer d'idéal, et vous cultiverez ensemble une religion qui n'est autre chose que l'affirmation de l'Idéal et qui l'adore comme la suprême réalité. Ainsi, vous n'aurez pas à craindre que votre femme pratique dans l'ombre des superstitions étrangères, comme ces femmes qui sont isolées, abandonnées sans direction, dans leurs aspirations religieuses.*

*Vous conserverez avec elle l'intimité religieuse, la plus profonde et la plus durable de toutes ; et elle dira avec fierté, comme la pauvre Moabite : « Ton peuple sera mon peuple et ton Dieu sera mon Dieu. » — Ne laissez pas s'enfuir la première saison de votre intimité sans vous proposer ce but si doux de faire l'union complète sur les choses divines et humaines. Le mariage ne peut tenir toutes ses promesses que s'il arrive à produire cette harmonie profonde qui fait le charme et la force de la vie à deux. Que de ménages où les vies se sont dépliées l'une à côté de l'autre sans se pénétrer, comme deux fleuves qui descendent la même pente, mais dont les ondes ne se mêlent pas ! Il faut rechercher au-dessus des intérêts et des devoirs immédiats qui nous lient, les goûts communs, les points de contact et d'affinité ; il faut remplir son cœur des mêmes impressions et des mêmes enthousiasmes, sans vouloir niveler ou neutraliser l'originalité de chacun. C'est au sein d'un mariage assorti que se réalise la belle descrip-*

tion de Montaigne : « *En cette amitié, les âmes se confondent l'une l'autre d'un mélange si universel qu'elles effacent et ne retrouvent plus la couture qui les a jointes.* »

*L'homme et la femme se complètent et s'achèvent dans cette intimité sérieuse ; la raison de la femme se mûrit et se trempe ; elle apprend à voir les choses sous un rayon moins personnel, plus général, et l'homme reçoit en échange plus de délicatesse et de perspicacité ; il apprend à se reconnaître dans les mille nuances du sentiment et à ne pas écraser d'un pied maladroit les fleurs délicates qu'il n'avait pas su découvrir.*

*Pour conserver au mariage cette influence bienfaisante d'éducation mutuelle, il faut se garder avec soin contre cette action néfaste de l'habitude, qui enlève aux relations de chaque jour la fleur de poésie des premiers moments, et sous prétexte de simplifier la vie, nous dispense de tous les égards et de toutes les prévenances.*

*Nous n'avons pas à regretter les mœurs de*

*l'ancienne société ; elle avait cependant l'art d'embellir la vie et de lui conserver ses défenses naturelles contre l'invasion du sans-gêne qui n'est que l'expression vulgaire de l'égoïsme.*

*On a dit que la liberté dépend du respect et des formes ; combien plus est-il vrai de soutenir que la politesse, la courtoisie, et j'ai presque dit le respect de l'étiquette protègent et conservent la délicatesse et la tendresse du cœur ! Ce n'est pas tous les jours qu'on est appelé à être généreux jusqu'au sacrifice, à faire acte de héros, mais tous les jours on peut être maussade, désagréable, sans souci des convenances ou des préférences d'autrui ; c'est avec la petite monnaie qu'on répond aux exigences de la vie ordinaire, et celui qui la dédaigne s'est plus d'une fois trouvé pris au dépourvu et a laissé échapper le bonheur. Le meilleur moyen pour être un jour héroïque, c'est encore d'être poli, discret, attentif, affectueux dans la prose de tous les jours. L'affection se nourrit et s'entretient par ces petits soins, par ces attentions qui traduisent les sentiments cachés et portent l'âme au dehors. Au regard de Dieu, ne suffit-il pas d'un verre d'eau froide pour reconnaître la vertu céleste de la charité ?*

*Malgré toutes les théories désabusées qui se répandent dans une société dont le ressort moral est relâché, l'humanité salue toujours avec joie la création d'une nouvelle famille. Son instinct profond ne la trompe pas ; c'est l'état le plus favorable au bonheur, à la dignité de l'être humain. Là, nous apprenons à placer notre félicité dans la félicité d'autrui ; l'égoïsme se dépouille et se transfigure, et chacun des deux époux, selon la parole délicate de Tacite, dans le tableau qu'il nous a tracé du mé-nage d'Agricola, chacun des deux époux donne* « à l'autre la préférence sur lui-même. » *Le mariage assure à l'homme le plus grand bonheur qu'il nous soit permis de goûter, parce qu'il remet à un autre le soin de nous rendre heureux et qu'il nous délivre de cette poursuite inquiète et personnelle pour nous occuper des autres plus que de nous-mêmes. Ceux qui le regardent du dehors et n'en acceptent pas les* charges et le dévouement ont beau le railler et le calomnier, le mariage n'absorbe pas au foyer tout l'amour ; il le nourrit et le refait dans cette touchante intimité pour en porter l'éclat et la chaleur dans toutes les relations de l'homme.

Le bonheur qu'il crée ne peut pas plus s'envelopper et s'isoler, que l'aube du jour ne peut se concentrer sur une seule cime. Dès que l'amour brille et échauffe une âme, il étend son rayonnement sur toutes les sphères de notre activité. Ce qu'il faut redouter pour l'honneur de notre race et la grandeur de ce pays, ce n'est pas l'exclusivisme du mariage, c'est l'appauvrissement de la vie solitaire, où, pour avoir fui les nobles responsabilités, on est envahi par les épines, par les manies et les vices, et saisi au cœur par l'ironie froide et la sécheresse.

Voilà pourquoi tous ceux qui vous aiment et qui souhaitent que la vie vous offre toutes ses joies, sont heureux de vous voir entrer aujourd'hui à cette école de la vie supérieure.

*Aimez-vous donc, soyez heureux, rendez les autres heureux par la vue de votre bonheur, et n'oubliez pas que la règle d'or de la vie humaine nous a été livrée par Celui qui a rouvert à l'humanité l'accès auprès du Père céleste : « Celui qui voudra sauver sa vie la perdra, mais celui qui la perdra la sauvera. »*

*5 juin 1879.*